名言で磨く向上心

はじめに

わずか数行程度の言葉に、全身を貫くような衝撃を受けることがあります。それは、今のあなたの心が待ち望んでいる言葉なのです。

本書は、古今東西の偉人たちの言葉から、「向上心」が高まるものを選出し、一冊にまとめました。後世に名を残した彼らは、自分の限界を超える時や、困難に立ち向かう時に何を考え、行動したのでしょう。その言葉には、千載一遇のチャンスを掴むためのヒントも隠されているかもしれません。

あなたの向上心を奮い立たせる、運命の言葉に出会えますように。

もくじ

・本書は特に明記していない限り、2019年1月20日現在の情報に基づいています。
・本書の編集にあたり、各種の書籍、資料、ウェブサイト等を参考とさせていただきました。
・出典については可能な限り、表現者名、出典名等を明記しましたが、掲載した書籍以外でも記述され、異なる表現がある場合もあります。
・旧仮名づかいを現代仮名づかいに変更したり、句読点を足したりしているケースもあります。
・作品の一部から抜粋、または途中の一部を省略している場合があります。
・翻訳された名言は、複数の書籍や資料を参考に、表現を分かりやすくしたものがあります。
・肩書きの国名は、当時の国名のままにしたものと、現在の国名に置き換えたものがあります。

第1章

壁を打ち破る

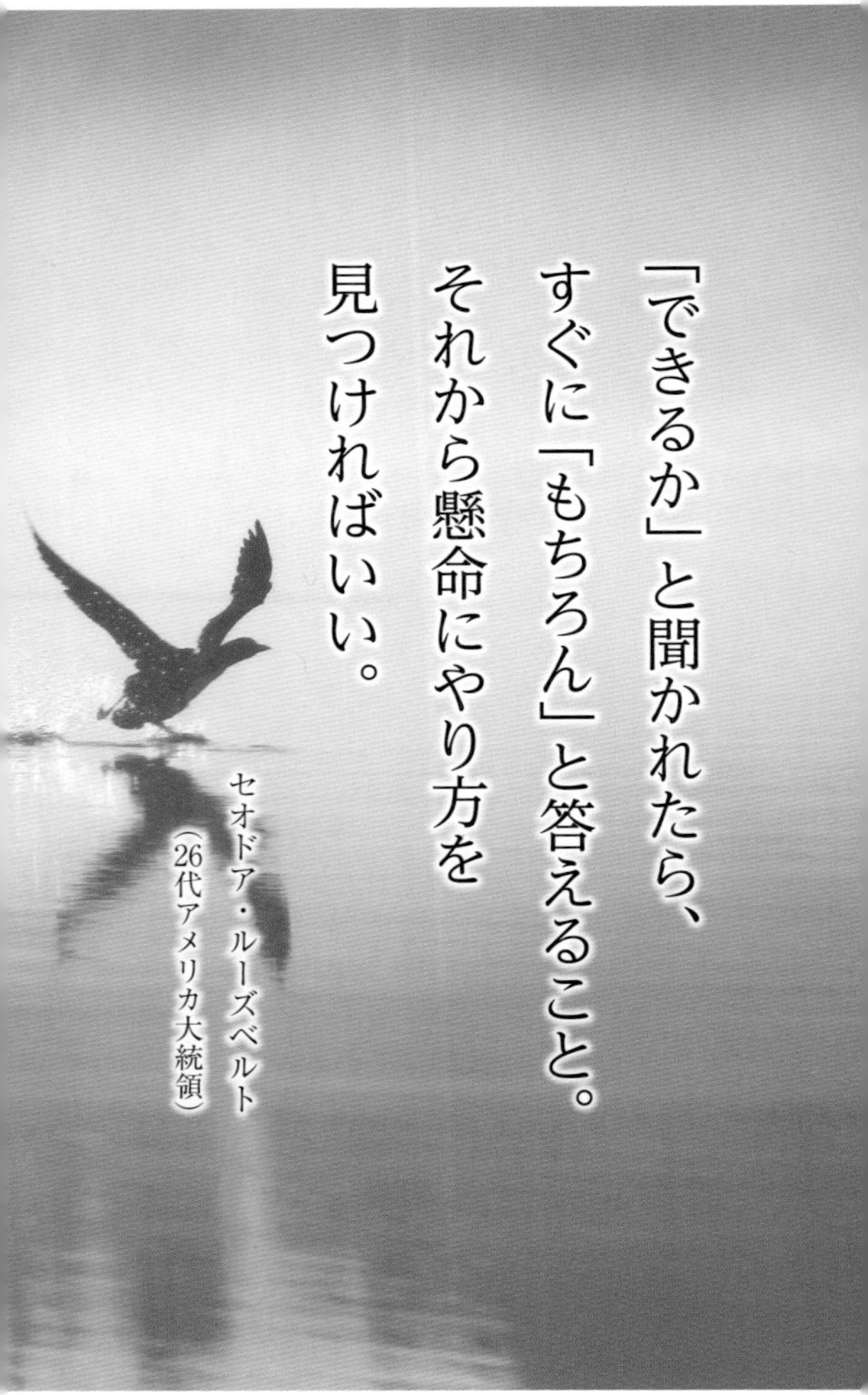

「できるか」と聞かれたら、
すぐに「もちろん」と答えること。
それから懸命にやり方を
見つければいい。

セオドア・ルーズベルト
（26代アメリカ大統領）

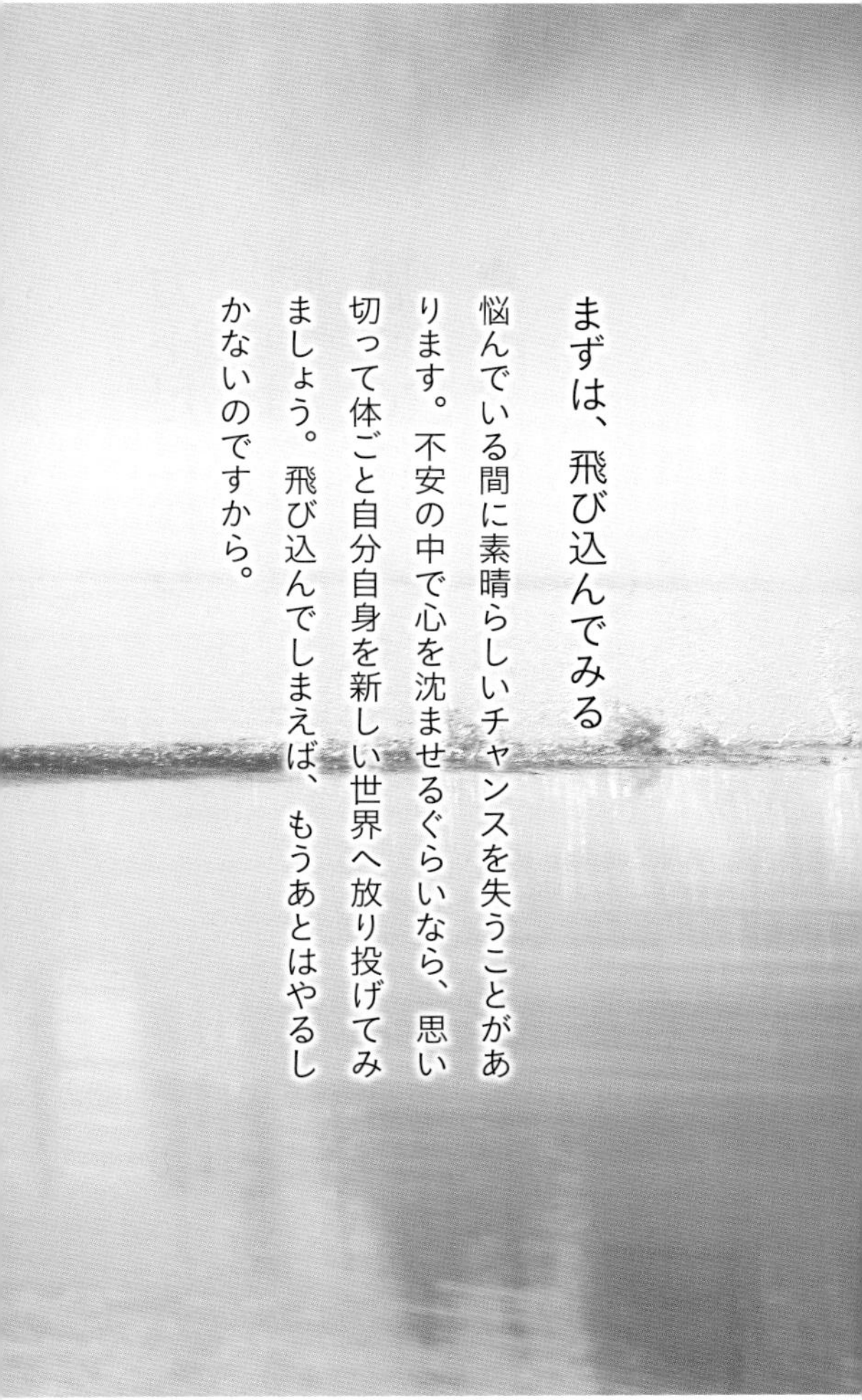

まずは、飛び込んでみる

悩んでいる間に素晴らしいチャンスを失うことがあります。不安の中で心を沈ませるぐらいなら、思い切って体ごと自分自身を新しい世界へ放り投げてみましょう。飛び込んでしまえば、もうあとはやるしかないのですから。

力不足だから
これはできないと
思ってはいけない。
真心がその不足を補ってくれる。

上杉鷹山《ようざん》
（米沢藩主）

挑戦の先にある、魂の成長

今の自分でやり抜けるのか、本当に周囲は協力してくれるのか…。あれこれと心配するよりも、自分の心に問いかけてみましょう。その挑戦の先に、魂の成長はあるのか、と。心の声がイエスなら、もう迷うことはありません。熱い情熱はあなたの心を支える柱となり、真心をもって進むあなたを見て、手助けしようとする人々が少しずつ集まってくるはずです。

なぜやめたんですか。
ぼくらならどんな意気地ないやつでも、
のどから血が出るまでは
叫ぶんですよ。

宮沢賢治
（詩人・童話作家／『セロ弾きのゴーシュ』）

半端にやるなら、やめてしまえ

楽団の中でも演奏が下手なセロ弾きのゴーシュに、練習パートナーのかっこうが鋭い一言を放ちます。才能やテクニックの問題でなく、半端に練習しているその性根がだめなんだ、と。何かを適当にこなす姿は周囲の人を苛立《いらだ》たせ、軽蔑を生みます。そんな人の反応を感じ取り、あなた自身も自信を失くしていくでしょう。中途半端は不幸しか生まないもの。本気こそ、幸運を呼び込む鍵なのです。

機会はどの場所にもある。
釣針を垂れて常に用意せよ。
釣れまいと思うところに
常に魚あり。

オヴィディウス
（古代ローマの詩人）

変化は自分でつくる

チャンスは無数に転がっています。くり返す日常を退屈に生きていて、まだそれが見えないだけ。いつも通り過ぎている古書店に、明日は扉を押して入ってみましょう。人生を変える運命の一冊に出合うかもしれません。いつも挨拶程度の同僚に相談してみたら、斬新なアイデアがもらえるかもしれません。日常の中に変化をつくることが、人生を何倍も豊かにするのです。

月を狙って撃て。
たとえ撃ち損じても、
どこかの星に当たる可能性がある。

作者不詳

ハードルは高く、視線も高く

目標は高めに設定しましょう。初めはその高さに恐怖を感じるでしょう。しかし、上を目指して進むうちに視界は開けてきます。少し難しい技術に挑む、高度な企画を立案する。ハードルを上げた分、力もつくのです。

上り坂と下り坂は、
一つの同じ坂である。

ヘラクレイトス
（古代ギリシャの哲学者）

自分の感覚を信じすぎない

ランナーにとって坂は等しく大変な場所。上り坂は体力を奪い、下り坂は着地するたび、足へ衝撃を与えます。人生の試練を見た目で判断してはいけません。感情を抑えて、なるべく客観的に分析することも必要です。

逆境にある人は
常に、「もう少しだ」と言って
進むといい。
やがて必ず前途に光がさしてくる。

新渡戸稲造
（教育者／『武士道』）

近未来に、一つ目標を定める

見上げるような大きな目標に挑む時は、その手前にいくつもの小さな達成ポイントを置きましょう。小さな目標を一つひとつクリアして、大きな目標への道標とするのです。人間の心は、時として弱くなります。あまりにも遠い目標だと、心が折れそうになることも。そんな時に小さな目標達成を積み重ねることができれば、ささやかでも、夢をつなげて進むことができるのです。

寝るのは馬鹿だ。
みんな寝すぎだ。
私は死んだ後
たっぷり寝る。

トーマス・エジソン
（アメリカの発明家）

過ぎ去りゆく、時間の価値を知る

一度何かを始めると、休む間もなく猛スピードで仕事を続けたと言われる、発明王エジソン。生涯を通じて彼の平均睡眠時間はわずか3〜5時間ほどだったと伝わっています。人生を有限なものとみなし、刻一刻と過ぎていく時間を心から惜しむ。狂気のようなこの情熱こそが、数々の歴史的発明を世界にもたらしたのもまた、真実なのです。

あきらめないやつには、
誰も勝てないんだ。
ベーブ・ルース
（アメリカのプロ野球選手）

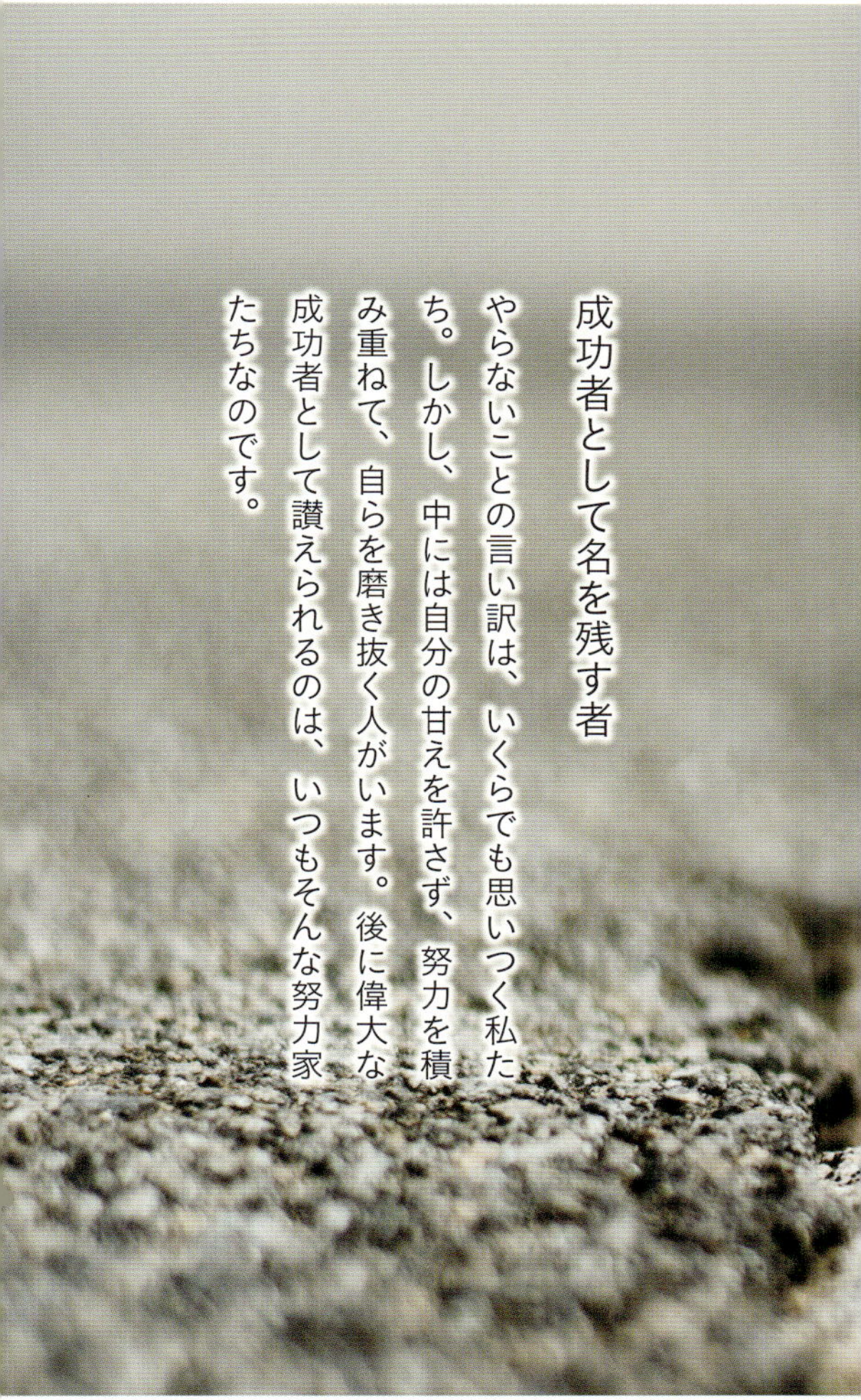

成功者として名を残す者

やらないことの言い訳は、いくらでも思いつく私たち。しかし、中には自分の甘えを許さず、努力を積み重ねて、自らを磨き抜く人がいます。後に偉大な成功者として讃えられるのは、いつもそんな努力家たちなのです。

もし
好機が到来しなかったならば、
みずから好機をつくり出せ。

サミュエル・スマイルズ
（イギリスの作家／『自助論』）

まずは自分が動く

待つことによって得られるものは、それほど多くはありません。あなたが気になる誰かとの関係を良くしたいのなら、自分から穏やかに話しかけましょう。相手の様子を伺っているだけでは、時間の無駄に終わるかもしれません。チャンスとは突然降ってくるものではなく、あなた自身が戦略と情熱をもって創造していくものなのです。

水が増えると船が高くなる。
難しいことに出会うほど、
一段高い心になるのである。

山本常朝《じょうちょう》
（佐賀藩士）

苦難をチャンスへ

困難を苦しみと決めつければ、その時点であなたの心は暗く閉ざされ、逃れ出ることはできません。人生とは試練の連続です。仕事においても、人間関係においても、あらゆるステージであなたが直面する耐え難い試練は、自分を鍛え上げさらなる高みへ導くチャンスだと前向きにとらえましょう。現実は考え方次第で変わり、闇の中から光へと一歩進み出ることができるのです。

わたしは、
ひとりの者に可能なことは、
万人に可能である、と
常に信じている。

マハトマ・ガンディー
（インドの独立運動家）

彼はなぜ成功したのかを学ぶ

成功した人を、生まれつき才能があったのだ、並外れて強運だったのだ、と解釈するのは実に安易な考えです。成功者とは、余人がなし得ないような努力と研鑽を継続できた人です。彼が延々と続けてきた種まきが、やがて花をつけ実を結んだのです。もし身近に何かを達成した人がいれば、その人がなぜ、そしてどのように成功を得たのかをじっと見つめましょう。そこからあなたが学べることは無限にあるはずです。

人間の魂に火がついたなら、不可能は消滅するようにできている。

ジャン・ド・ラ・フォンテーヌ（フランスの詩人）

情熱の炎

行動力を生み出すには、燃えるような心の炎が必要です。ライバルへの嫉妬心でもいい、過去の敗北を思い出すのもいい、心に火をつけるきっかけを見出しましょう。その火が激しいほど早く目標へ近づけるのです。

雨だれが石を穿《うが》つのは、
激しく落ちるからではなく
何度も落ちるからだ。

ルクレティウス
（古代ローマの哲学者）

継続は力なり

ひたむきに努力を積み重ねれば、その成果は大きな実を結び、人生を豊かにします。周囲を圧するような強い力や、華美な外観などに心惑わされず、こつこつと力を蓄える継続力こそ、身につけたいものです。

失敗して、
泥の中に転んだって、
起き上がればいいだけである。
恐れる必要など、どこにもない。

ラルフ・ワルド・エマーソン
（アメリカの思想家）

それは、恥ではない

無様に失敗した姿を、人に見られることは恥ではありません。恥ずかしい生き方とは、自分の虚栄心や体面を保つために現実から目を背け、一切のリスクから逃げ続ける、そんな生き方です。大いなるものに挑み、死力を尽くして戦い、それでもあなたが倒れた時、人はそんなあなたを笑うことは決してないもの。真に恐れるべきは失敗することではなく、何も始めないことなのです。

人間が想像できることは、
人間が必ず実現できる。

ジュール・ヴェルヌ
（フランスの小説家）

これからの未来図を描く

色鉛筆やクレヨンを握りしめ、画用紙いっぱいに世界を描いていた幼いころを思い出しましょう。あのころは、未来は無限のきらめきと冒険に満ちていたはず。大人になってしまっても、たまには、ためらいなく夢を描き、それを言葉に出してあたりいっぱいに叫びまわってもいいのです。その手と、描きたいという願望がある限り、人生は自由に創造できるのです。

何もせずに
水を眺めているだけでは
海を渡ることはできない。

ビンドラナート・タゴール
（インドの詩人）

可能性に賭けて、夢に挑む

あなたが今、感じている限界は、ほんとうにあなた自身の限界ですか。自信のなさや周囲への遠慮で、せまい檻の中に自分を閉じ込めていませんか。理想の自分を実現するため、そんな檻は叩き壊して飛び出しましょう。

物事はもっとやってみれば、もっとできるものである。

ウィリアム・ヘイズリット（イギリスの作家）

まずは一歩を踏み出す

初めの一歩は小さくていいのです。まずは、生き方を少し変えて、夢見る力を取り戻しましょう。少しずつ時間をかけて現状を良い方向に変化させることができれば、大きな夢に向かう力のベースとなるでしょう。

第2章

新たな一歩を踏み出す

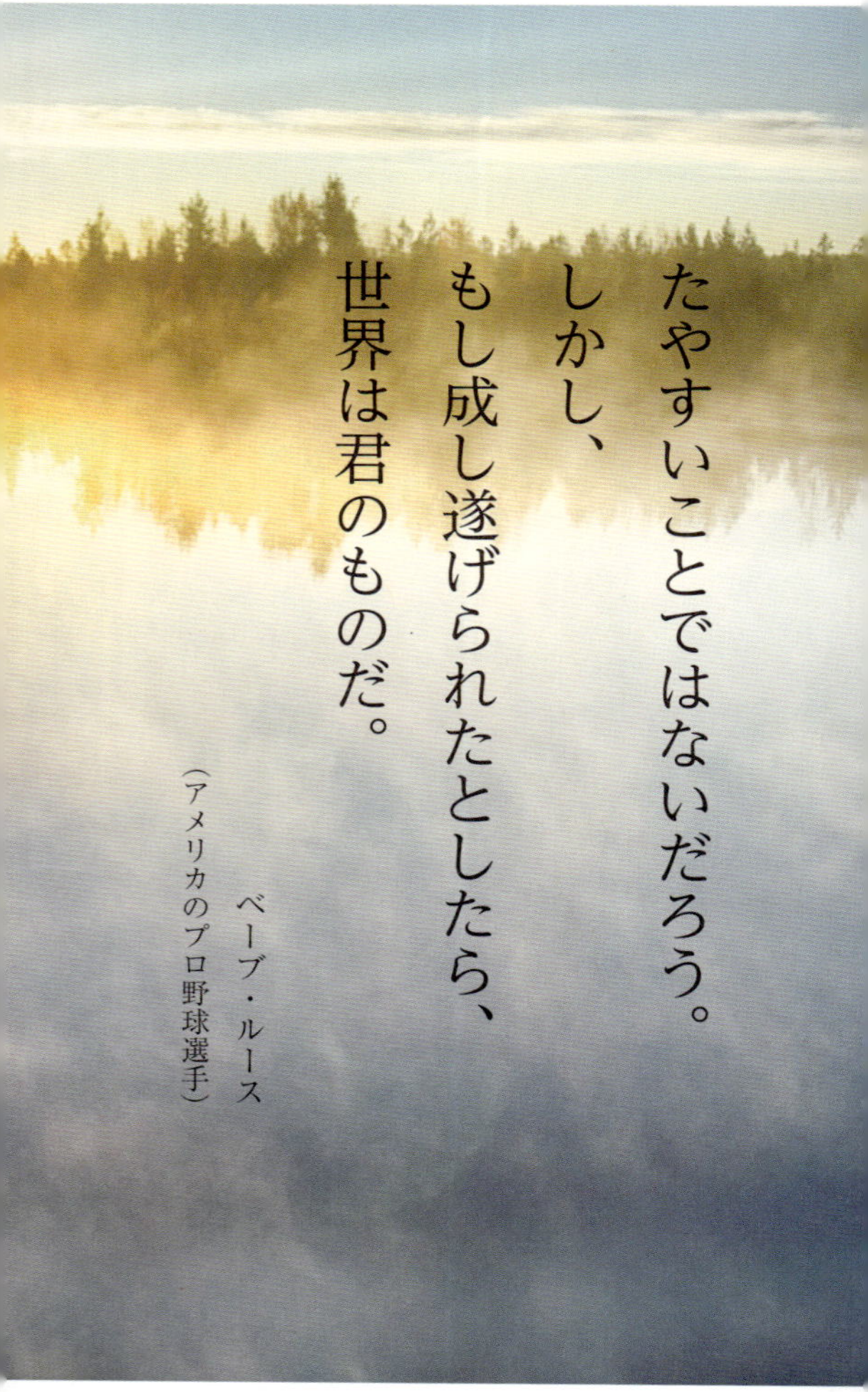

たやすいことではないだろう。
しかし、
もし成し遂げられたとしたら、
世界は君のものだ。

ベーブ・ルース
（アメリカのプロ野球選手）

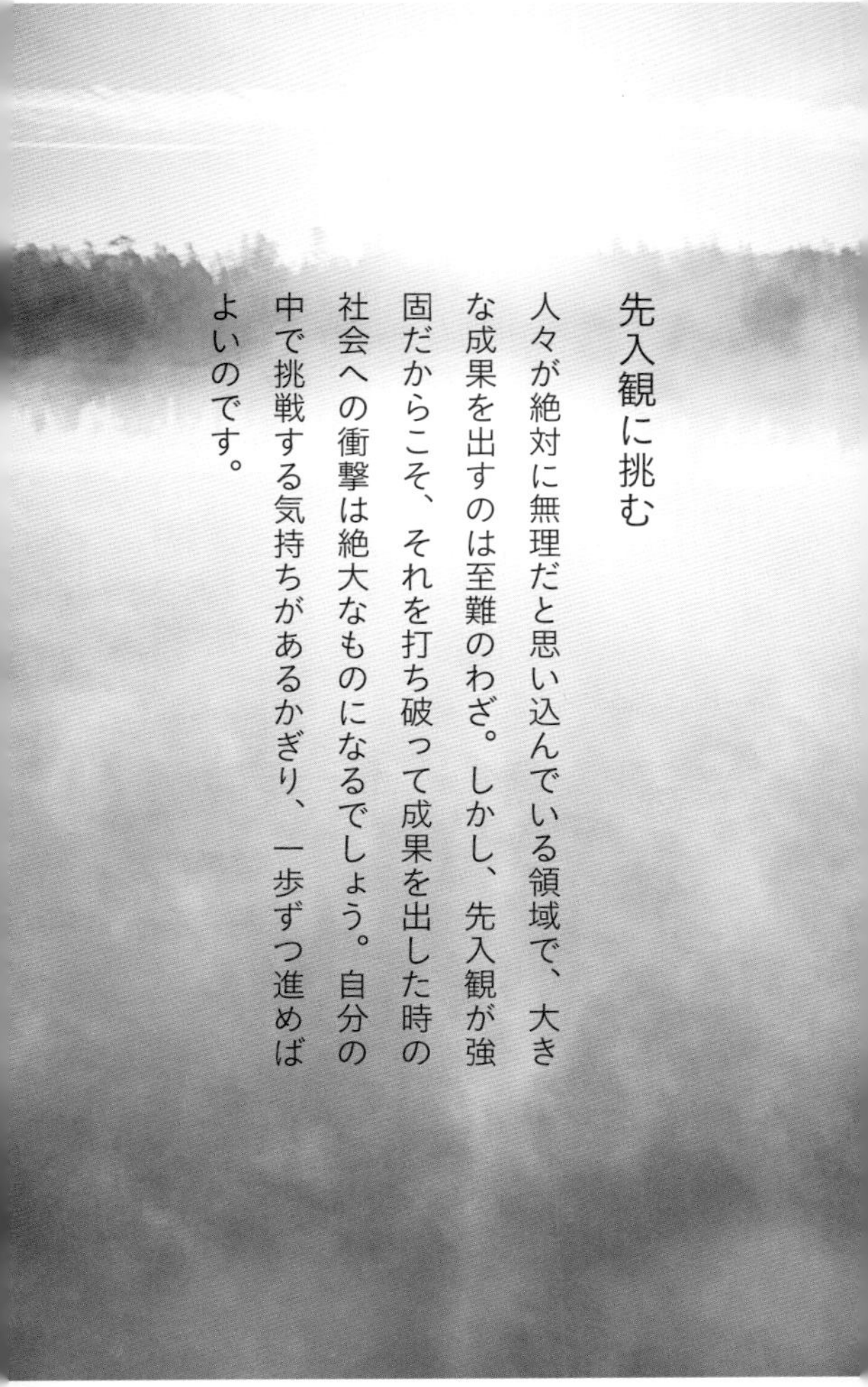

先入観に挑む

人々が絶対に無理だと思い込んでいる領域で、大きな成果を出すのは至難のわざ。しかし、先入観が強固だからこそ、それを打ち破って成果を出した時の社会への衝撃は絶大なものになるでしょう。自分の中で挑戦する気持ちがあるかぎり、一歩ずつ進めばよいのです。

何でも思い切って
やってみることですよ。
どっちに転んだって人間、
野辺の石ころ同様
骨となって一生を終えるのだから。

坂本龍馬
（幕末の志士）

悩んでいる時間はない

限りある時間をどれだけ有益に使えるかに、あなたの成功はかかっています。考えに考え、あげくに迷って足踏みしている時間があるのなら、その時々のベストな選択肢に飛び込み、全身全霊で実現に向けて動きましょう。物事は始める前よりも、実際に動き出してから見えてくるものも多いのです。まずは勇気を出して進めていきましょう。

できないことを見つけることで、
できることが見つかる。

サミュエル・スマイルズ
（イギリスの作家）

自分の強みと、弱みを知る

あなたは自分自身について、どれほど正確に知っていますか。感覚的に自分を卑下するのではなく、逆にこれが得意だからと優越感にひたるのでもなく、長所も短所もふくめた自己分析をすることは、大きな挑戦に向かう時には必要不可欠なことです。自分をよく知れば、弱い部分をどう強化するか模索したり、自分の長所をさらに鍛え上げたりと、さまざまな方法を編み出すことができるのです。

人はよく方針方針というが、
方針を定めてどうするのだ。

勝海舟
（幕臣）

計画の先に、真の試練がある

計画を立てただけで、まるで何かを達成したような気持ちになっていませんか。まだスタート地点に立ったばかりなのに。物事はいったん動き出すと、まず計画通りには進みません。どんどん変化し変容していくものです。初めのプランを頭に置きつつも、状況によって移り変わる変化にも柔軟に対処し、成功に向けて突き進んでいく推進力こそ、身につけたいものです。

我々が明日花開くのに
ただひとつ足かせとなるのは
今日の疑念だろう。

フランクリン・ルーズベルト（32代アメリカ大統領）

明日のことを考えない

困難に挑む時は、未来についてあれこれ思いをめぐらさないようにしましょう。今日を全力で生きて、夜が来たら眠ればいいのです。毎日をシンプルに生きれば、その積み重ねで想像以上の力を手にできるでしょう。

チャンスというものは、
準備を終えた者にだけ、
微笑んでくれるのです。

マリア・スクウォドフスカ・キュリー
（ポーランドの物理学者）

手を抜かず、きちんと自分を磨く

自分についてよく学び、とことん力を磨きましょう。さらなる戦いに備えて自分自身への投資を惜しまず、弱点があれば克服しましょう。欲に流されず、自分を向上させることができる人の前には、正しく未来が開けます。

この道をいけば、どうなることか、
危ぶむことなかれ、
危ぶめば道なし。
踏み出せば、その一歩が道となる、
迷わず行けよ。行けば、わかる。

一休宗純
（臨済宗の僧侶）

迷えば、それだけ何かを失う

確実に、安全にと考えて迷った分、実は失っているものもあるのです。もしも、先導するリーダーの心が揺らいでいたら、あなたは彼に従って危険な道も一緒に進もうと思えるでしょうか。この場合は、リーダーは信頼を失います。目の前に一本の道があるのなら、進んでいる最中は他のことは考えないように自らを律しましょう。余計な思考を追いやれる心の強さ、それがあなたを成功に導くのです。

チャンスが
二度扉を叩くなどとは
考えるな。

セバスチャン・シャンフォール
(フランスの劇作家)

チャンスをつかむ勇気

人は実際にチャンスが転がってきたその時、驚きや戸惑いから手を伸ばせないことが多いもの。突然訪れる好機に、その場で飛びつくには相当の勇気がいるのです。常日頃から、好機が来たらすぐ飛びつけるような馬力を身につけておきましょう。人生にはそう何度も大きなチャンスは訪れません。自身が飛躍できるかけがえのない一瞬を逃さないように生きたいものです。

運命は
われわれの行為の半分を支配し、
他の半分を
われわれ自身にゆだねる。

ニッコロ・マキャベリ
（イタリアの政治思想家／『君主論』）

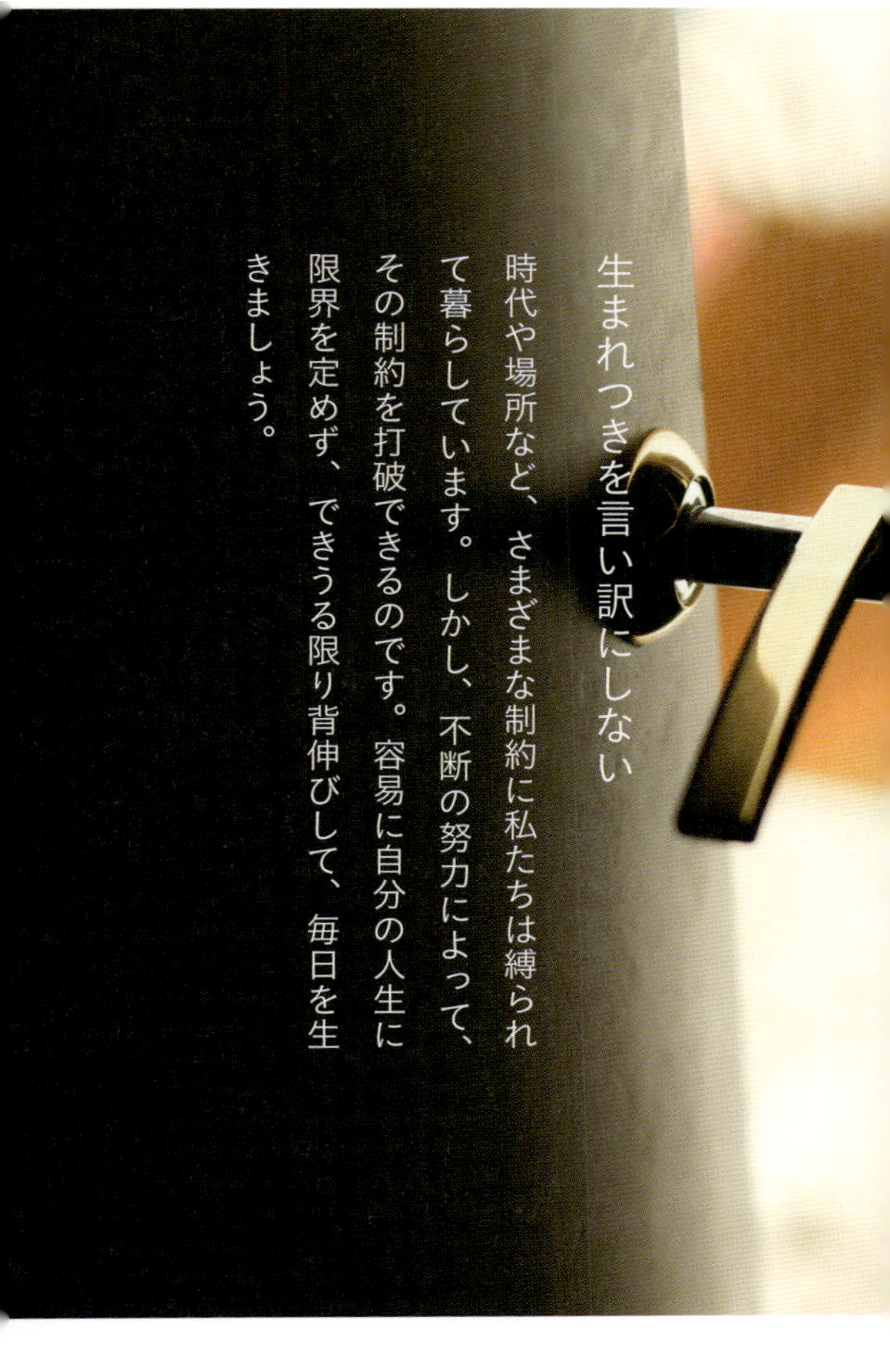

生まれつきを言い訳にしない

時代や場所など、さまざまな制約に私たちは縛られて暮らしています。しかし、不断の努力によって、その制約を打破できるのです。容易に自分の人生に限界を定めず、できうる限り背伸びして、毎日を生きましょう。

一事を必ずなさむと思はば、
他の事の破るるをも
いたむべからず。
人の嘲《あざけり》をも恥づべからず。

吉田兼好
（随筆家）

覚悟の上に行動する

何か新しいことを打ち出せば、反動は当然生まれます。反発する者はあなたのもとを去り、それまであなたが手にしてきた利益や信頼も半分に、あるいは丸ごと失われることもあるでしょう。新世界への挑戦、その飛躍の裏には必ず失われるものがあるのです。そんなリスクを恐れず、押し寄せるネガティブな反動も受け流しましょう。大事の前に、多少の犠牲は覚悟するべきです。

経験とは、
自分の失敗に対して
与える名前のことだ。

オスカー・ワイルド
（アイルランド出身の作家）

試練が、人生を豊かにする

成功体験のみが経験ではないのです。むしろ、大きな成功はあなた自身の傲慢さ、思い上がり、過信を生み、心を弛緩《しかん》させることすらあります。朝から晩まで考えに考えて挑戦を続け、それでも思うような成果が得られない、そんな苦しい時こそ、あなたが最も学んでいる時期だと言えます。失敗や喪失を心ゆくまで味わい、そこから多くを学び取りたいものです。

あなたの能力の限界は、
あなたの思考が設けた
境界線であり、
あなたが自ら築いた壁である。

ジェームズ・アレン
（イギリスの作家）

苦手分野から、逃げない

得意なこと、できることだけを一生懸命にやり、苦手なことからはうまく逃げていませんか。それでは毎日をそれなりに過ごせても、あなたの能力は向上しません。自分の力を総合的に高めるためには、不得手なジャンルにも挑んで、克服していくことが必要なのです。あえて苦手なことにも手を出し、自分にできないことをじっくりと味わうのも成長への糧となるのです。

「そのうちに」を口ぐせにしている人は、永久に「そのうち」を繰り返す。

朱子（中国・宋代の儒学者）

悔いながら老い、死ぬ哀しさ

人の努力や成功を横目に、「いつかは自分も」とつぶやきながら一生を終えることは哀しい。その人生の最期の瞬間で思うことは、何一つ挑まなかった自分の生きざまへの後悔以外に、いったい何があるのでしょうか。

私は、私の足を
導いてくれるただ一つの
ランプを持っている。
それは、
経験というランプである。

パトリック・ヘンリー
（アメリカの政治家）

経験が直観を鍛える

自分を鍛えていくと、徐々に経験が蓄積されていきます。経験値がアップすれば、その後の冒険はより安定したものになるはず。長年の経験に裏づけられた、第六感とも言える直観力が、一段と研ぎ澄まされるからです。

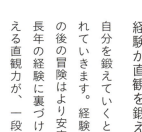

疑いながら、ためしに右へ曲るのも、
信じて断乎として右へ曲るのも、
その運命は同じ事です。
どっちにしたって
引き返すことは出来ないんだ。

太宰治
（小説家／『お伽草子』）

進むしかないなら、明るく

引き返すことのできない道を進むのなら、明るく楽しみつつ、その道を進みましょう。当然、道は一本ですから、そのまっすぐさは心に恐れを生むでしょう。迷いや不安や疑いが幾度もよぎるでしょう。足元もよく見えないような夜は、不安でおしつぶされそうになるかもしれません。しかし、そのたびに心の迷いと戦い、自分の信念をもって進むのです。希望というランプを足元に灯して。

決断しないことは、
時として、
間違った行動をとるよりも
タチが悪い。

ヘンリー・フォード
（アメリカの実業家・フォードモーター社の創業者）

決められない時は両方から離れる

なぜ決断できないのでしょうか。それはどちらかに決めることによって、失われる一方にまだ強い執着があるから。一方の魅力を捨てきれないので、次に進みたくても身動きがとれないのです。その行動は自分の弱さやずるさを痛感させ、周囲をも苦しめます。そんな状況を続けて疲弊してしまうくらいなら、いっそのこと悩ましい両方からしばらく離れて、一人になってみるのも妙案です。

生きるとは、
呼吸することではない。
行動することだ。

ジャン＝ジャック・ルソー
（フランスの哲学者）

人がつなぐ未来への意思

人は、夢を抱き、より良い未来を実現するため、自らの環境を創造したり破壊したりしながら、文明や文化を築きあげます。この人類だけがもつ未来への意思をどのように使うかは、私たち一人ひとりにかかっているのです。

人間が唯一偉大であるのは、
自分を超えるものと闘うからである。

アルベール・カミュ（フランスの作家）

原動力となる、憧れ

海に挑み、空に挑んで文明を築いてきた私たち。より大きなもの、力強いものに憧れる、この感情を大切にしましょう。憧れは、あなたの足に飛躍のためのバネをもたらし、背中には飛翔のための翼をつくります。

第3章

道を極める

目の前の仕事に専念せよ。
太陽光線も
一点に集めなければ
発火しない。

グラハム・ベル
（スコットランド出身の発明家）

成功への鍵

一人で引き受けられることはそんなに多くありません。まずは作業に専念できる環境を整え、そこに自分を放り込みましょう。集中力を磨くのです。この集中力こそ、あなたの夢の実現を手助けする、重要な鍵なのです。

大切なことは、
自分たちがどこにいるか
ということではなく、
どの方向へ向かっているか、
ということである。

オリバー・ウェンデル・ホームズ・シニア
(アメリカの作家)

明日に、小さな目標をもつ

近い未来にささやかでも目標を設定しましょう。私たちは、動物とは異なり、今日の衣食さえ満たされれば幸福だと感じる存在ではありません。明日に小さな期待、成長や学びがあれば、眼前に広がる景色も異なって見えるのです。難しい目標でなくていいのです。少しでも自分の成長を実感できるような身近なゴールを置きましょう。毎日をときめいて生きるために、明日への希望が必要です。

もっとバラの花が欲しければ、
もっとたくさんのバラの木を
植えなさい。

ジョージ・エリオット
（イギリスの作家）

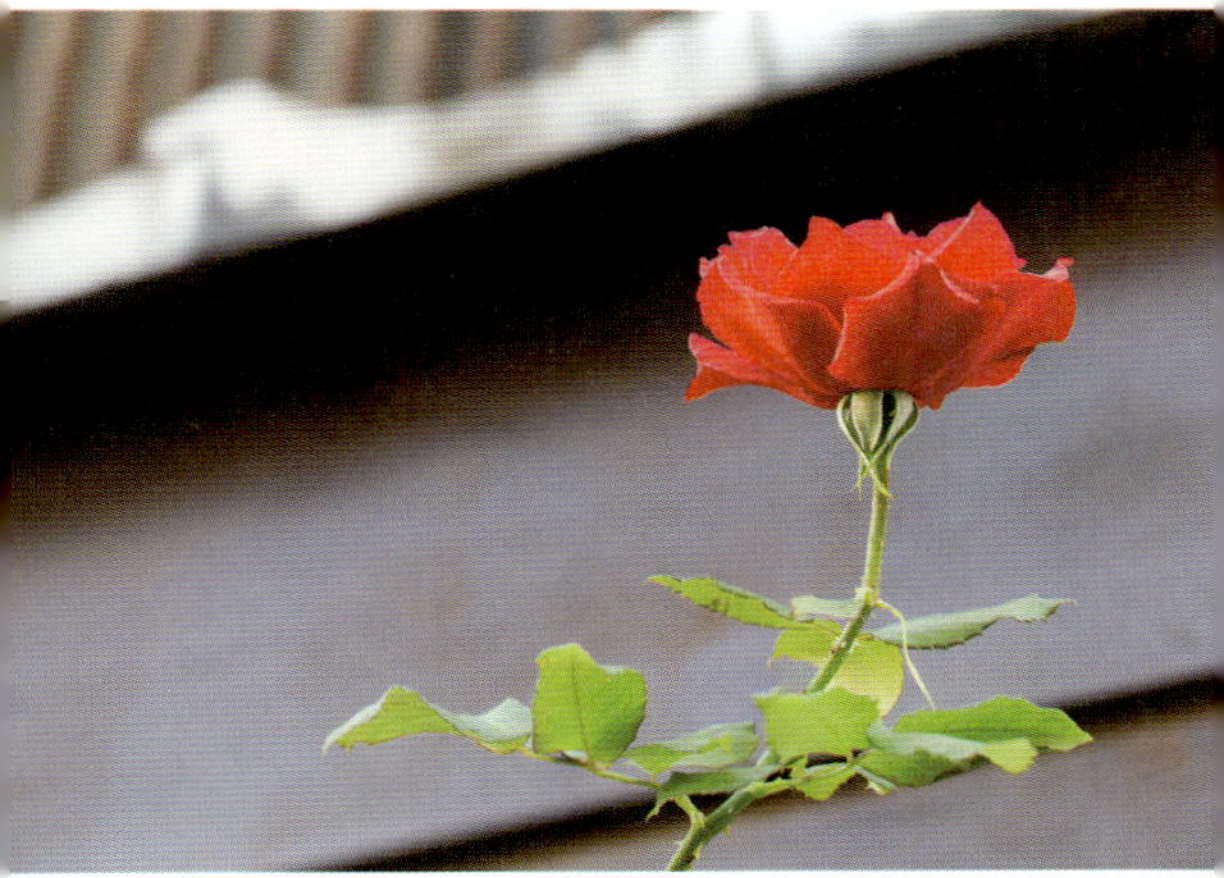

本当に必要なものは何かを知る

夢を実現するための種まきは、慎重に。芽が出るまでは、自分にとって何が必要なのかを学び、経験を積み、チャンスの訪れを待ちましょう。待つ時間の積極的な過ごし方が芽吹きを促すでしょう。一方、成功を焦る気持ちから準備を怠ったり、目新しいだけの提案に飛びついたりすれば、あなたが本当に欲しい成功は遠のくばかりでしょう。

上手にはすきと器用と功積むと
この三つそろう人ぞ能《よ》くしる。

千利休
（茶人）

生まれつきの成功者など、いない

人の成功を見て「彼は才能があるから」、自分の失敗を見て「今回は運が悪かった」、そう思いたいあなたがいませんか。物事の結果を都合よく解釈しようとするのは、あなたの弱さです。どんな成功の陰にも隠された努力の日々があることを知りましょう。その対象をこよなく愛し、才能にあふれていても、コツコツと努力を積み重ねる鍛錬の日々がなくては、真の成功は得られないのです。

人生は奇蹟（ミラクル）ではない、軌跡（ローカス）である。

種田山頭火（俳人／『砕けた瓦（或る男の手帳から）』）

積み上げた分、力として残る

富も幸運も成功も、空から降ってはきません。あなたが必死に考え、工夫し、自らを高めるために鍛錬を重ねてきたことは、無駄ではありません。きっちりと、実力という形であなたのもとに残るのです。

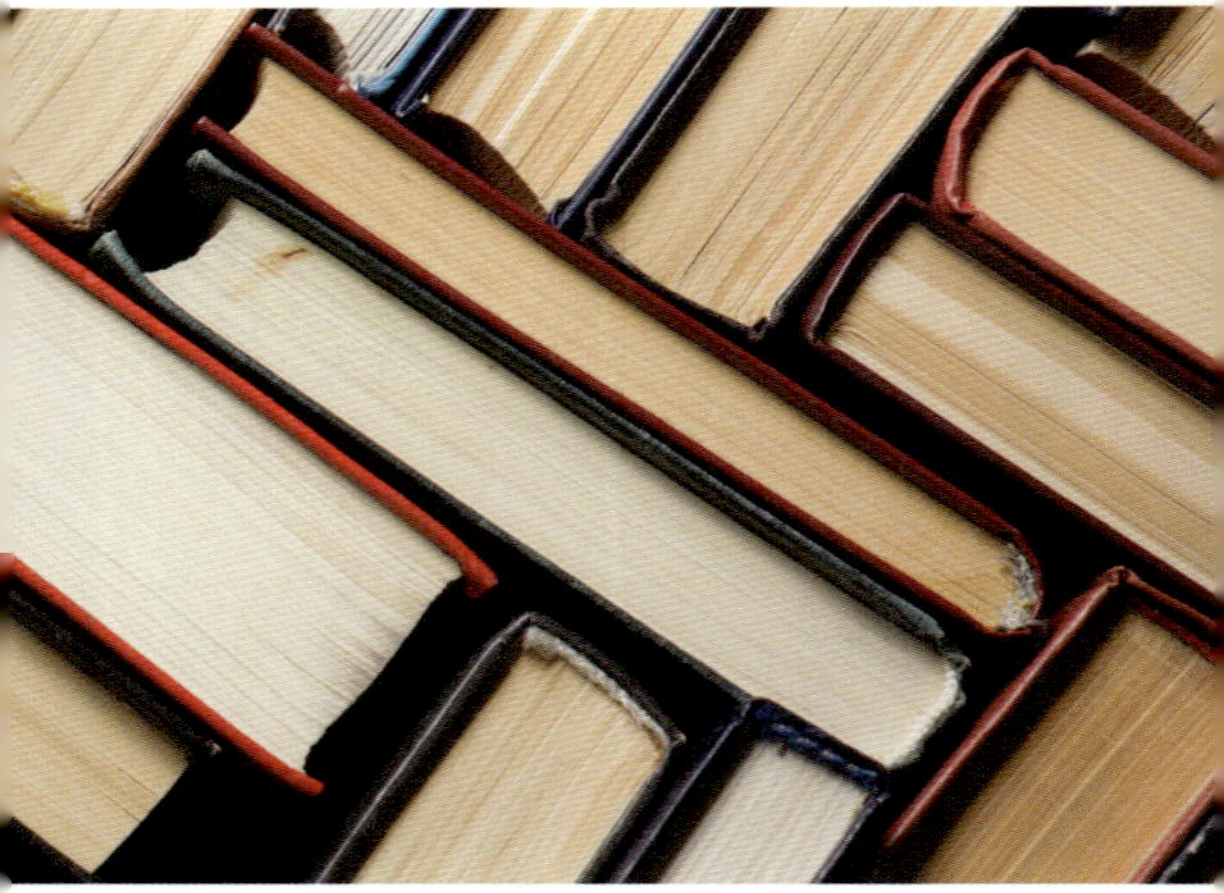

私は失敗したことがない。
一万通りの
うまくいかない方法を
発見しただけだ。

トーマス・エジソン
（アメリカの発明家）

徹底的に、ポジティブ思考になる

目の前で起こる現象は、私たちの感じ方次第で良くも悪くも変わります。うまくいかなかった時は、絶望して投げ出すより、それも経験として「次にどう生かすか」と気持ちを切り替えましょう。人生は劇的に明るくなるはずです。

計画のない目標は、
ただの願い事にすぎない。

サン＝テグジュペリ
（フランスの作家）

待っていても、何も来ない

今いる場所に満足できないのなら、傷を負ってもそこから脱出しないといけません。傷つくことを恐れ、いつか誰かがここから連れだしてくれるようにと天に祈っていても、永遠にその機会はもたらされません。明日を変えられるかどうか、それはひとえに、ここぞ！　というタイミングで、新しい世界に飛び込める強い覚悟があるかどうかにかかっているのです。

勤勉さと忍耐で、
ネズミがケーブルを
真っ二つに噛みちぎった。

ベンジャミン・フランクリン
（アメリカの政治家／
『弱さに一瞬で打ち勝つ　無敵の言葉』青木仁志）

弱者だからこその、大勝利

弱く見えた者が、驚くべき成果をあげることがあります。彼らはなぜ結果を出せたのか、それは自身の弱さと小ささを知り尽くしていたからに他なりません。弱いからこそ、十分な戦略を練り、大きな者たちが考えもつかない視点から挑戦を続けたのです。限られた条件の中で、自分の個性をどう打ち出していくかを考えれば、ライバルに一歩差をつけることができるでしょう。

歩け、歩け。
続けることの大切さ。

伊能忠敬
（測量家）

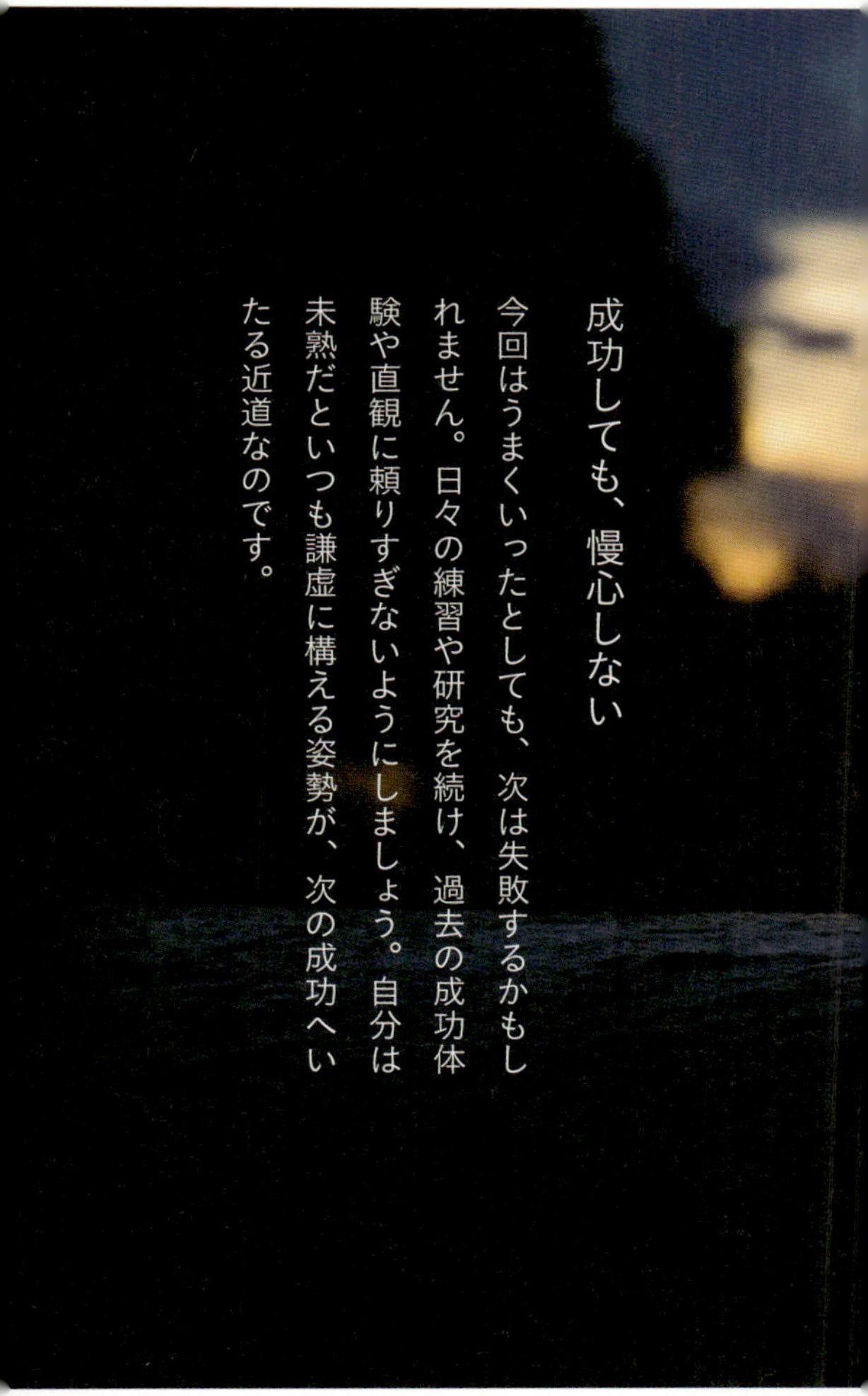

成功しても、慢心しない

今回はうまくいったとしても、次は失敗するかもしれません。日々の練習や研究を続け、過去の成功体験や直観に頼りすぎないようにしましょう。自分は未熟だといつも謙虚に構える姿勢が、次の成功へいたる近道なのです。

千日の稽古を鍛《たん》とし、
万日の稽古を錬《れん》とす。

宮本武蔵

（剣術家／『五輪書』）

同じ一日など存在しない

同じことを練習しても、まったく同じ結果になる日は一日としてありません。空を見上げれば天気は日々異なり、自分の体に触れれば、体温にも変化があるでしょう。同じ環境を用意したつもりでも、実は３６５日に３６５通りの違いが存在しているのです。達人とは、一見同じに見えるくり返しの中にも微妙な差異があることを知り、その差異の中で継続的な成功を出せる人々を指すのです。

人生における大きな喜びは、
「できるわけがない」と
人に言われたことを
やってのけることである。

ウォルター・バジョット
（イギリスの評論家）

常識を超えた先に

挑戦には、限界も終着点も存在しません。人生を枠にはめようとする社会や、誰かの固定観念は打ち破って進みましょう。自分の未来を思い描き、そこに己の全責任でもって力いっぱい挑めばよいのです。理想の明日を手に入れた時、驚き、嫉妬、悲しみ……周囲の反応は人それぞれかもしれません。しかし、それがどんなものであれ、あなたの達成感が薄れることはないはずです。

海のほか何も見えないときに、
陸地がないと考えるのは、
けっしてすぐれた探検家ではない。

フランシス・ベーコン
（イギリスの哲学者／
『学問の進歩』服部英次郎、多田英次 訳）

世界は、あなたの想像を超えている

見上げるような巨木は、土の中に長い根をはって、その巨体を支えます。南極の氷も、見えているのは一部で、水面下に大きなかたまりが存在しています。自然界について私たち人間が知っていることなど、本当にちっぽけなもの。ただ見えていないだけで、この瞬間も何かを見過ごしているかもしれません。自分の目の前に広がる世界を見るだけで、すべてを理解したつもりになってはいけません。

人間にはいかに円くとも、どこかに角がなければならぬ。

渋沢栄一（実業家）

人気者にならなくていい

なるべく敵をつくらず、みんなに慕われたいという思いが強いと、本当の信頼関係は構築できません。相手に畏怖され、時に周りからけむたがられても、それが正しいと信じれば決行する、そんな厳しさも必要です。

小さい夢は見るな。
それには
人の心を動かす力が
ないからだ。

ヨハン・W・v・ゲーテ
（ドイツの作家）

心に火を灯す言葉

周りの人々に、あなたの大きな志を分かってほしいのなら、小さな利益の話や、細々とした心配事の話は避けましょう。掛値なしのまっすぐな思いと言葉は、届くべき人の心の鐘を打ち鳴らしていくものです。

長い目で見れば、
「努力をしない天才」よりも、
「才能のない努力家」のほうが
多くのことを成し遂げる。

ジョン・ラボック
（イギリスの銀行家）

進化を止めない努力

得意分野に安住していては、より広い世界での成功は得られません。さらなるステップアップには何が必要かを真剣に探り、時には苦手な分野にも挑戦して新たな道を開きましょう。あぐらをかいていると、後から追いかけてきたより勤勉な若手にあっという間に追い抜かれることも。気が進まないことから逃げず、たゆまぬ努力を続けてこそ、より大きなスケールで活躍ができるのです。

情熱は理性をも征服する。

アレキサンダー・ポープ
（イギリスの詩人／『道徳論』）

反発もプラスの力に変える

何かを始めようとする時、これまであなたを支えてきた人々が反対することがあります。安定した現状を守りたいのかもしれないし、まだあなたの真意が理解できないだけかもしれません。いずれの場合でも、情熱的かつ誠実に計画を説き続け、理解を待つのが吉となります。真にあなたを愛する人であれば、やがて彼らはあなたの思いを理解し、その挑戦を支える、力強い仲間になるはずです。

生きる、ということは
徐々に生まれることである。

サン＝テグジュペリ
（フランスの作家）

昨日と同じ今日は存在しない

爪や髪が少しずつ伸びているように、ものの考え方や見方も、新しく出会う人やメディアの影響などで刻々と変化しているのです。あなたは今、この瞬間も変化と成長のただなかにいるということに気づきましょう。

さらに良い方法がある…。それを見つけよ。

トーマス・エジソン（アメリカの発明家）

てっぺんを目指し続ける努力

成功し名声を得ても、さらなる高みを目指し努力を重ねていくことが偉大な人物たちの共通点かもしれません。うまくいった時こそ注意深く、常に上昇志向で考えて改善を。そんな力強さと野心を見習いたいものです。

第4章
想いを貫く

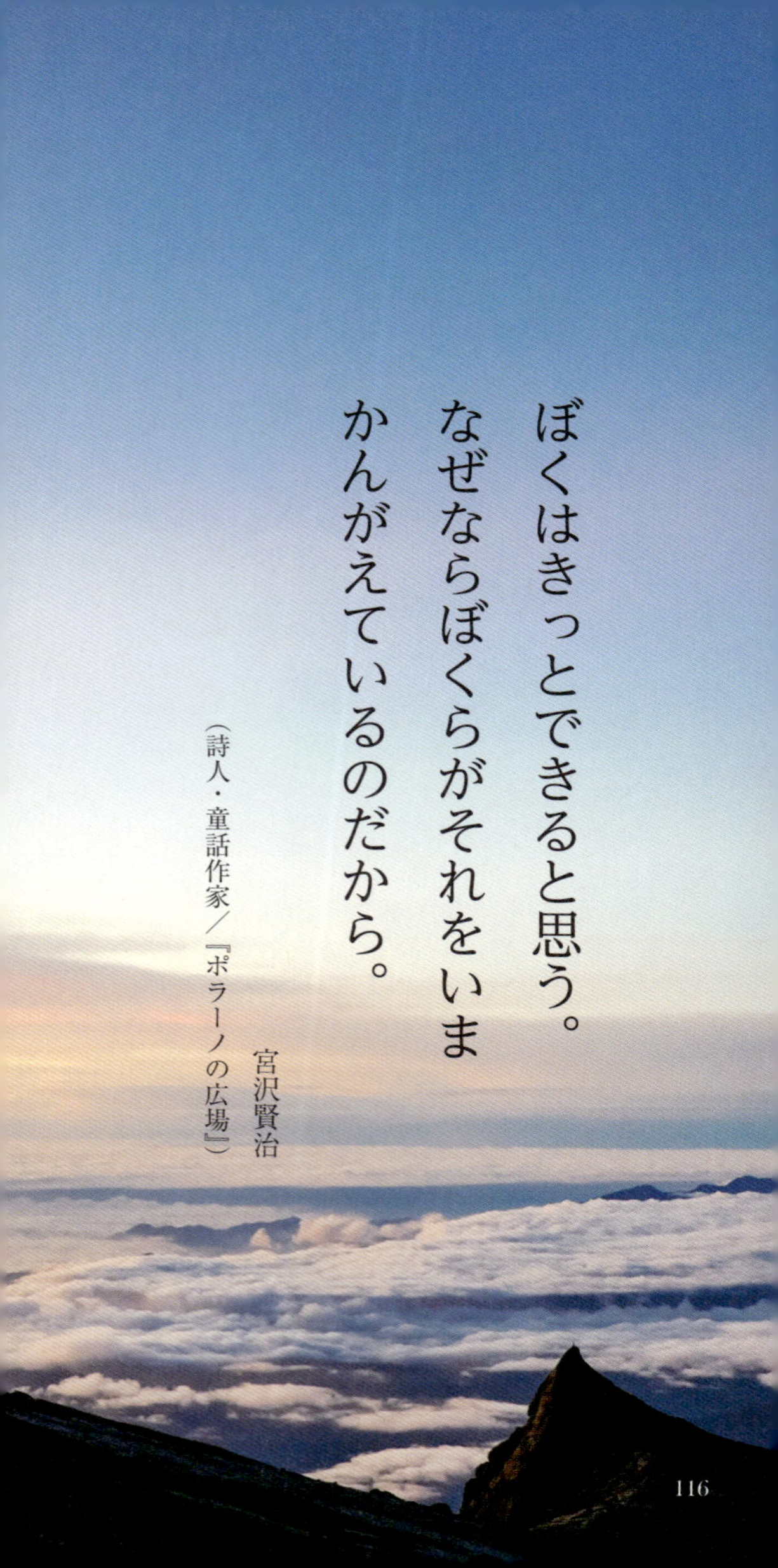

ぼくはきっとできると思う。
なぜならぼくらがそれをいま
かんがえているのだから。

宮沢賢治
（詩人・童話作家／『ポラーノの広場』）

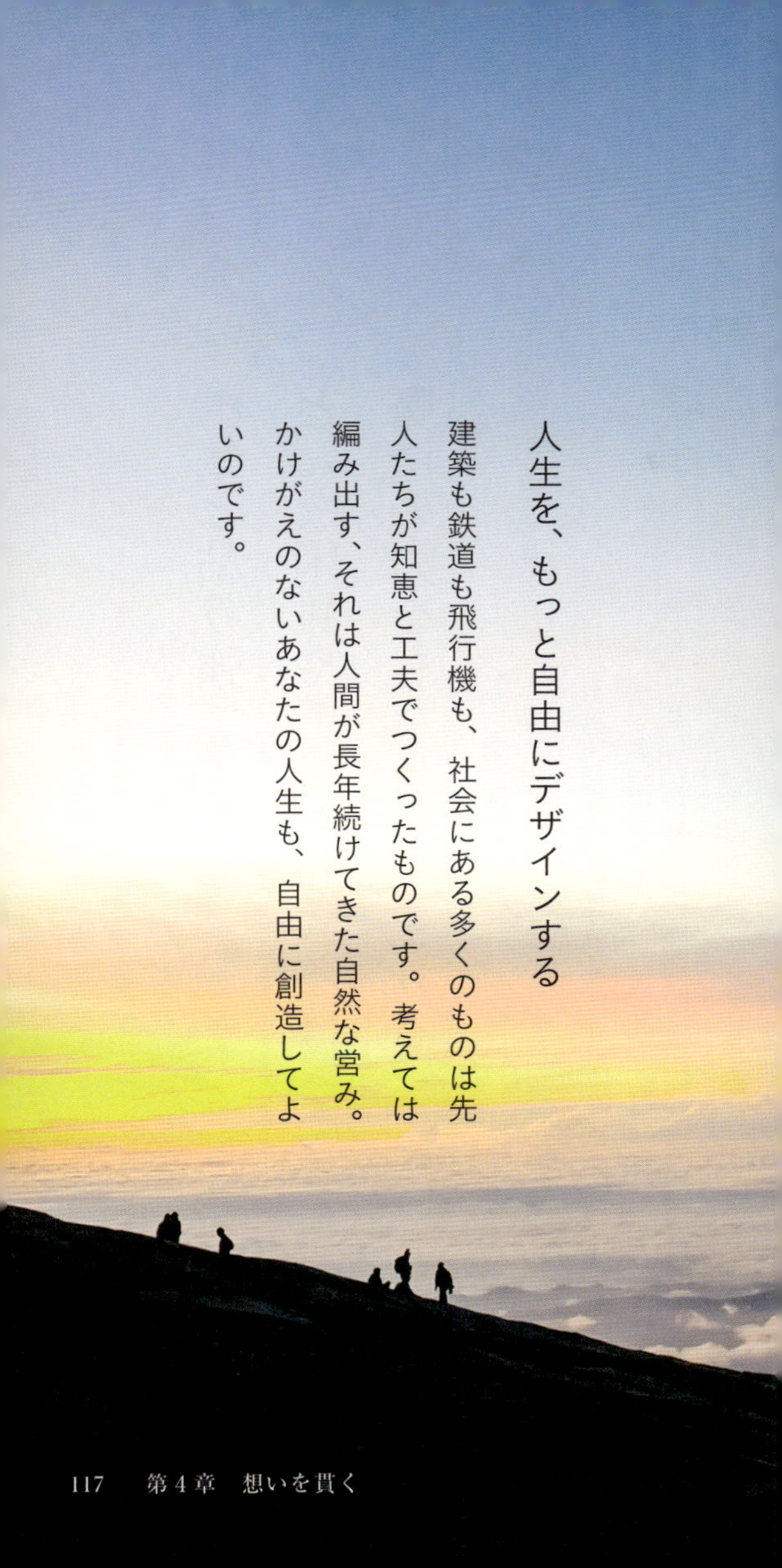

人生を、もっと自由にデザインする

建築も鉄道も飛行機も、社会にある多くのものは先人たちが知恵と工夫でつくったものです。考えては編み出す、それは人間が長年続けてきた自然な営み。かけがえのないあなたの人生も、自由に創造してよいのです。

勇気と粘り強さは、
どんな困難や壁も消し去るほどの
魔法の力をもたらしてくれる。

ジョン・Q・アダムズ
（6代アメリカ大統領）

粘り強く、やり抜くために

何かを始めても続かず、諦めてはまた別のものに手を出す……そんな時は、スタートの際に、続けるためのひと工夫を施してはどうでしょう。まず、全体にできるだろうことを目標にする。さらに、数日後にはここまで、数か月後にはここまでと目標を設定し、簡単に投げ出せないよう自分自身に軽くプレッシャーをかけるのです。弱い私たちが何かを成し遂げるためには、時としてそういう仕掛けも必要です。

人生には、
往復切符は発行されない。
一度出発したら
二度と帰ってこない。

ロマン・ロラン
（フランスの作家／『魅せられたる魂』）

人生の短さを知る

私たちは、生まれた瞬間からまっしぐらに一本道を進むことになります。老いと死へ向かう道です。これはすべての生きとし生けるものに当てはまり、どれほどの権力者であっても例外はありません。お化粧や鍛えた筋肉でつくろうことはできても、体の細胞の一つひとつは日ごとに老いていくのです。だからこそ、限られた人生をいかに有意義に生きるか、真剣に考えなければいけないはずです。

成功したいなら簡単だ。
自分がやっていることを理解し、
惚れ込み、
そして信じればいい。

ウィル・ロジャース
（アメリカのコメディアン）

自分の立っている場所を知る

やみくもに夢や挑戦を語っても、その先に成功はありません。まずは、自分が今どこに立っているのかを分析することが必要です。夢の実現のために、どれほどの投資や努力を注ぎ込むべきか、どんな協力者が必要か、自分に欠けているものは何なのかを直視しましょう。自己分析とプランが完成しさえすれば、スタート地点に立てるのです。あとは、炎のような情熱で一本の道を走り抜くことです。

私たちは、他人と同じようになろうとして、自分の4分の3を失ってしまう。

アルトゥル・ショーペンハウアー（ドイツの哲学者）

空気を読みすぎない

相手のペースや周囲の空気に合わせることに慣れ、仲間意識の気安さに身をゆだねると、自分の個性やとんがった面白さだけでなく、孤独に耐える心の強さや一人で進める逞しさなども、失ってしまう危険性があります。

手を切られたら
足で書こうさ
足を切られたら口で書こうさ
口をふさがれたら
尻の穴で歌おうよ

小熊秀雄
（詩人／『現実の砥石』）

生きることは、夢を見続けること

幼くして母を失くし、漁場や養鶏所の番人の仕事で自活しつつ、力強い童謡や詩を書き続けた小熊秀雄。生きることは決して諦めないこと。その言葉通りの人生を生きた彼の作品は、今も読む人の胸を感動で震わせます。

思いわずらうのはやめろ。
なるようになる。
すべてがなるようになる。
ただ人間は、
それを愛しさえすればよいのだ。

ロマン・ロラン
（フランスの作家）

すべてを引き受ける度量をもつ

十分に考えて挑んだのなら、結果についても引き受ける覚悟をもちましょう。挑戦の先には、失敗もあれば成功もあるもの。成功しても驕って騒がず、失敗しても落ち込みすぎない精神でいられるよう、日頃から心を鍛えておきましょう。結果だけに一喜一憂せず、失敗すらも経験の一つだと愛せるほどの器量があれば、人生の荒波もなんなく渡っていけるはずです。

希望よ、
お前は心を鉄に鍛える。

ルートヴィヒ・v・ベートーヴェン
（ドイツの作曲家）

生きる源

ともに闘える仲間に出会ったら、守るべき最愛の人を得たら、そして、進むべき道を見出したら……人はとてつもなく強くなる。しかし、そこに至らず人生を終えることも。適当な仕事をして適当に遊び、そんな自分の中途半端さに虚しさを感じ、まだ何一つ挑んでいないのに疲れ果てている。そんな哀しい人生を過ごすくらいなら、一度くらい真剣に、夢と愛という希望を追いかけてみませんか。

今日まで
自分を導いて来た力は、
明日も自分を導いてくれる
だろうと思う。

島崎藤村
（作家／『新生』）

一人で生きてきたわけではない

あなたを育てた人がいて、あなたを採用した上司がいて、あなたを愛した人がいて、今のあなたはここに立っています。進むことに没頭するあまり、これまで人や環境に支えられてきたことを忘れてはいけません。

私は決して落ち込んだりしない。
うまくいかない方法を
一つ捨てるたびに、
また前進しているのだから。

トーマス・エジソン
（アメリカの発明家）

昨日よりも、大きな自分になる

大きな夢を追う時は、小さな出来事に一喜一憂するのをやめましょう。どうせ進むのならば、堂々と進みたいもの。道の先に木が倒れていれば、そこに腰かけて、座って考えるチャンスをもらえたと感謝しましょう。雷が鳴り響き大雨になれば、これで水には不自由しないと喉を潤しましょう。すべての出会いを自分の経験にできた時、人間としての器量は今よりもっと大きくなっているはずです。

このまま行けと、
僕の中の僕が命じるんだ。

フィンセント・V・ゴッホ
（オランダの画家）

時々は、心の声を聴く

それは直観、あるいは霊感のようなもの。不思議と強く惹きつけられたり、その逆に、ここにいてはいけないと強く感じたりすることが人生にはあります。もしかしたら意識のさらに深い部分で、あなた自身が求めていることなのかもしれません。そんな時は立ち止まって、その声に耳を澄ませましょう。あなたが進むべき道を、もう一人のあなたが指し示しているのです。

思いは花であり、
言葉は芽であるが、
その後に
現実の実践という実をつける。

ラルフ・ワルド・エマーソン
(アメリカの思想家)

一つひとつの過程を大切に

物事には段階があります。計画している段階、実行中の試行錯誤の段階、失敗を分析する段階…すべてのプロセスを通ってこそ、成功や成長があるのです。それぞれのステップを飛ばして、次のステージにくり上がることはできません。仮にできたように見えても、時間を費やすべきところをなおざりにしていれば、どこか別の場所で余分な時間がかかるだけ。一歩一歩を大切に進みましょう。

すべてが失われようとも、未来はまだ残っている。

クリスチャン・ボヴィー（アメリカの作家）

未来への扉を開く

終わった関係や、過ぎ去った栄光を何度も振り返っては涙にくれる、そんな哀しい自分からは、何一つ新しいものは生まれません。過去は切り捨て、新しい未来を切り開きましょう。

あと三日、
三日間だけ待ってくれ！
それでも島が見えなければ
引き返そう。

クリストファー・コロンブス
（イタリアの探検家）

協力者には、正しく説明を

周囲の反対を受けても、本当に必要だと信じるのなら突き進むべきです。その時は、ともに闘ってくれる仲間には誠意をもって方向性を伝えましょう。結果を急ぐあまり、反対者を簡単に切り捨てて進んではいけません。

はじめに人が習慣をつくり、
それから習慣が
人をつくって行く。

ジョン・ドライデン
（イギリスの詩人）

健全なルーティンの中で生きる

結果を残し続けるために、スポーツ選手が自分ルールで固めた習慣の中に身を置いて生活することは、よく知られています。より安定した身体のコンディションをつくり、心の平安を保つためです。より良い自分を求めるならば、習慣を健全に管理することから始めましょう。人から与えられたものでなく、自分で考えたプランの中に自分自身を慣らしていくことほど、安心なことはありません。

私は誰の意見にも
賛成したいと思わない。
私は自分の意見を持っている。

イワン・ツルゲーネフ
（ロシアの作家／『父と子』）

自分を貫くことの覚悟

誰かの計画に賛同したり、批判したりすることはとても簡単なこと。いくら人の考えに意見しても、自分の立場が大きく揺らぐことはないからです。一方、自分の意見を強く押し出すのは勇気がいります。その難しさに立ち向かう時は、周囲の声をすべてその身に引き受けなければなりません。たった一人でも自分の信じる道を進む、そんな不屈の強さをもちたいものです。

僕たちと一緒に行こう。
僕たちはどこまでだって
行ける切符を
持っているんだ。

宮沢賢治
（詩人・童話作家／『銀河鉄道の夜』）

真実の言葉は、時代を超える

社会の厳しいルールの中で人々が生きていた昭和初期に、年齢も性も国家すらも超えた素晴らしい童話や詩を生み出した、宮沢賢治。彼の言葉は時代を超え、不滅の輝きをもって今もなお、現代を生きる私たちを導いてくれます。

自分の考えたとおりに生きなければならない。
そうでないと、自分が生きたとおりに考えてしまう。

ポール・ブールジェ（フランスの詩人）

来た道に後から答えを用意しない

自分が決めた道筋を信じて進むことには、不安がつきまといます。ただ、通ってきた道のりを振り返る時には、今の自分が立っている場所を基準に考えてしまって言い訳がましくならないように、注意したいものです。

第5章
人生を楽しむ

地の果てまで行っても、
海の向こうまで行っても、
空の果てまで行っても、
山の向こうまで行っても、
友達でないひとに出逢ったことはない。

ナバホ族の格言

感謝しつつ、明るく歩む

人生は、なかなか思い通りにならない長い旅。その旅の道すがら、いつも周りを警戒しながらビクビクと進むのと、いつも明るく周りに感謝をしながら進むのとでは、同じ景色もまったく違って見えるはずです。

人が集まることが始まりであり、
人がいっしょにいることで
進歩があり、
人がいっしょに働くことで
成功をもたらしてくれる。

ヘンリー・フォード
（アメリカの実業家・フォードモーター社の創業者）

力を合わせ、限界を広げる

人の能力はさまざまですが、それぞれに限界があります。これが二人になれば、できることが倍近く増えます。人が集まれば集まるほど、可能性が広がっていくのです。一人なら、何もかも自由に決められ、気楽でなんでもスムーズに思えますが、いずれ能力的な限界に直面するものです。目前にある可能性の枠を広げていくために、一人で立ち向かえることには限界があると理解しましょう。

道に迷うことこそ、
道を知ることだ。

東アフリカのことわざ

不要な経験はないと信じる

地図を片手に人に尋ねながら場所を探すと、道に迷ったり、到達までに時間がかかることもあるでしょう。しかし、そこで人と話したことが、後の人生に大きな変化をもたらすかもしれません。何年か経って同じ場所を訪れた時、現地の情報が記憶に残っているかもしれません。便利な機器を手に、楽々と目的地に行き着いたのでは得られない経験は、時間をかけたからこその素敵な贈り物なのです。

人生において
最も耐えがたいことは、
悪天候が続くことではなく、
雲一つ無い晴天が続くことである。

カール・ヒルティ
（スイスの法学者／『幸福論』）

苦難の時は、必要な時

生まれつきお金に不自由せず、健康にもたいそう恵まれ、戦争もない安全な国で、一見すべてに恵まれているように見える若者たちの、やりばのない苛立ちを目にすることがあります。何一つ自分で戦って勝ち得たものがないと、人は感謝するどころかその環境を憎むようにすらなってしまうのでしょうか。人生には苦難があるからこそ、それを突破することで、本当の生を体感できるのです。

楽観主義者はドーナツを見、悲観主義者はドーナツの穴を見る。

オスカー・ワイルド（アイルランド出身の作家）

見ているものは、同じ同じものを見ても、受け止め方で違うものが見えます。あなたに進みたい道があるのなら、小さな不安に気持ちを引きずられないように気をつけましょう。最初に自分の心でつまずいて、先に進めなくならないように。

雨の中、
傘をささずに踊る人間が
いてもいい。
それが自由というものだ。

ヨハン・W・v・ゲーテ
（ドイツの作家）

もっとあなた自身でいていい

私たちは人の軽蔑を恐れたり、歓心《かんしん》を買いたいばかりだったりして、どれほど自らの個性を殺して縮こまっているでしょうか。一度きりの人生です。もっとあなた自身が感じるまま、思いのままに生きていいのです。

人生は心ひとつの置き所。
晴れてよし、
曇りてもよし富士の山、
もとの姿は変わらざりけり。

山岡鉄舟
（剣術家）

外側に、目を奪われない

明治維新の荒波の中でも達観の精神を貫いた山岡鉄舟は、明治政府においても重職を任されました。しかし、その生活は質素を極め、新時代の人々からも尊敬を集めたといいます。何を拠り所に、どう生きるか、方向性を見いだせない混沌とした時代だったからこそ、彼の一貫性のある生きざまが尊崇《そんすう》の的になったのです。いつでも、周囲に流されず本質をきちんと見抜く目を養い、自分のスタンスで生きたいものです。

人生は
後ろ向きにしか理解できないが、
前向きにしか生きられない。

セーレン・キルケゴール
（デンマークの哲学者）

過去、現在、未来をつなげる

嵐のような人生を生きていると、今やっていることにいったいどれほど価値があるのか、一緒にいる人がどれほどありがたい存在なのか、認識することは難しいもの。私たちは、すべてが過ぎ去った後にしか物事の真価が分からないのかもしれません。感情的にならないよう過去を正しく思い返し、それを現在に生かし、明るい未来につなげていける、そんな賢さが必要です。

家などいりません。
船があればじゅうぶんです。
外国まで廻ってみたいです。

楢崎龍
（坂本龍馬の妻）

パートナーはあなたの鏡

日本という枠組みをはるかに超え、世界の海で商う国際人だった龍馬には、これまた当時の女性としては型破りな妻、おりょうが寄り添いました。公私問わず、パートナーとは、実にあなた自身の生き方の鏡なのです。

いま曲がり角にきたのよ。
曲がり角をまがったさきに
なにがあるのかは、わからないの。
でも、きっといちばん
よいものにちがいないと思うの。

ルーシー・モンゴメリー
（カナダの小説家／『赤毛のアン』）

その心が、未来をつくる

曲がりくねった道の先に何を思うか、そこに現れ出るのは、あなたの心そのもの。未来を不安定で危険に満ちたものと想像すれば、あなたの表情は曇り、その暗さが本当に暗い出来事を呼び寄せるかもしれません。道の先には、いつも希望に満ちた明るいものを思い描きましょう。足取りは明るく爽やかなものとなり、その歩みは真に明るい出来事を人生に呼び込むはずです。

知は愛、愛は知。

西田幾太郎

（哲学者／『善の研究』）

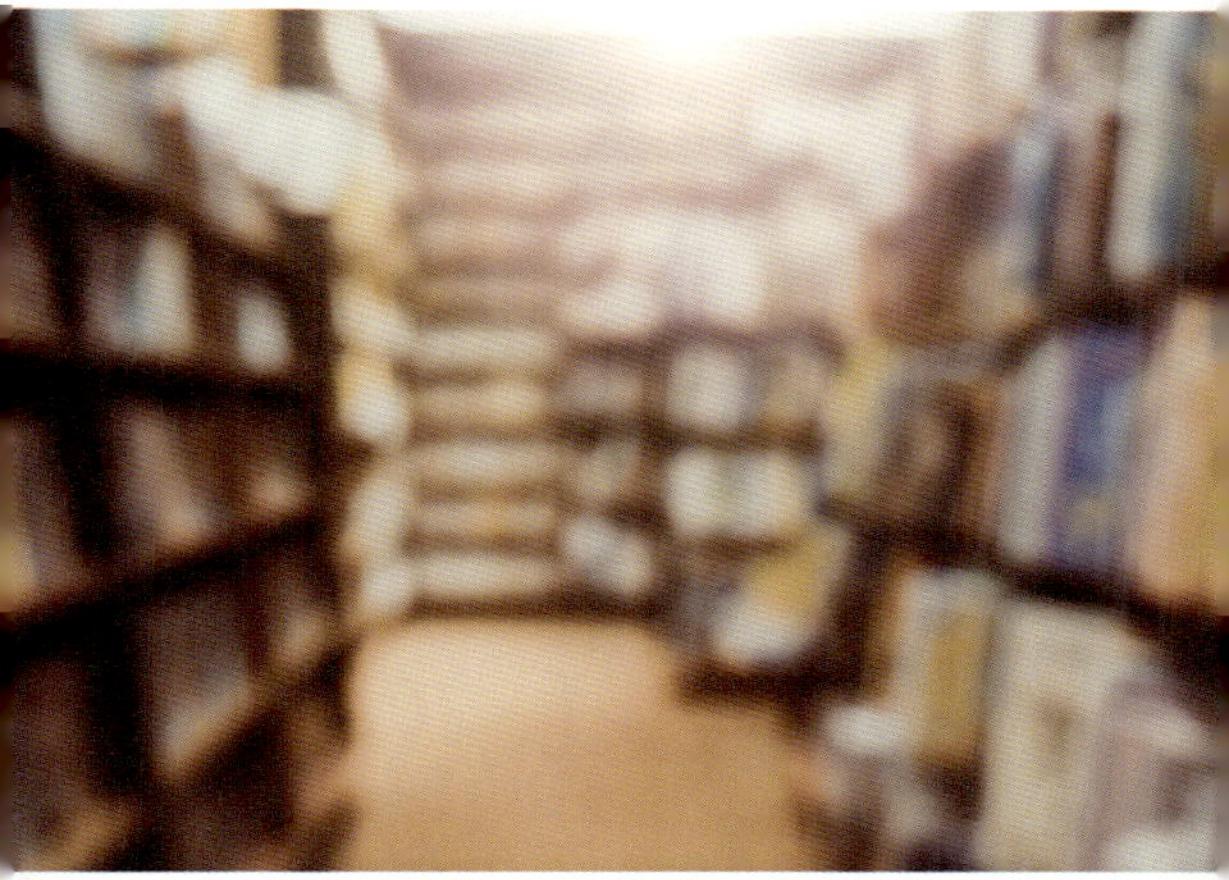

相手を正しく理解する

知れば知るほど冷めていくようでは、それは愛とはいえません。仕事も人生も同じこと。内実を理解するほど、さらに惹かれていく、そして愛が深まれば深まるほど、その対象を深く正しく理解できるよう自らも成長していく……まさに「愛」と「知ること」は同一なのです。だから、自分の欲望や願望を相手に投影しているだけでは、いつまでも真の理解・愛に到達できないことでしょう。

自分に欠けているものを
嘆くのではなく、
自分の手元にあるもので
大いに楽しむ者こそ賢明である。

エピクテトス
（古代ギリシャの哲学者）

手にしているものを軽んじない

ついつい、ないものばかりに目がいってしまう私たち。もっていないものに心奪われるあまり、今もっているものを軽んじてはいませんか。生まれつき自分に備わった能力、これまで築いてきた大切な人脈、努力して得た技術など、あなたには、すでに手にしている素晴らしい資産があるはずです。ないもののねだりをするあまり、手の中にある価値あるものまで失わないように気をつけましょう。

若い時の堕落は
いかようにしても浮かび上がることが出来る。

田山花袋《かたい》（小説家／『妻』）

何度でも復活できる

あなたが健康であり、休息をとった後に全身に漲《みなぎ》る力を感じられるかぎり、まだいくらでも立ち上がり再挑戦できるはず。自分の力に限界の線引きをせず挑み続けることが、若さを保つ秘訣かもしれません。

まこと人生、一瞬の夢
ゴム風船の、美しさかな。

中原中也
（詩人／『春日狂想』）

天才たちの時間感覚

夭折《ようせつ》の天才と呼ばれた作家たちは、その病気や貧しさと戦う中で、人生のはかなさを普通の人よりも何倍も切実に感じ取っていました。ゆえに、限られたこの命をいかに精一杯生きるかに、心を砕いたのです。

死んだとき
忘れられたくなかったら、
読まれるに足る物を書くか、
書かれるに足ることをしろ。

ベンジャミン・フランクリン
（アメリカの政治家／
『弱さに一瞬で打ち勝つ　無敵の言葉』青木仁志）

後の世に、何を遺せるか

自分の生きた証を遺したいと願うのなら、真に役に立つものを人々に遺しましょう。それはお金や資産だけではありません。癒しに満ちた優しい音楽、本質的な教育、愛のある言葉など、目に見えず触れることもできないけれど、人々の生涯に大きな影響を与えるものが世の中にはたくさんあります。真に感謝される遺産とは、相手の心に染み込む何かではないでしょうか。

天知る、地知る、我知る、子知る

范曄《はんよう》

（中国・魏晋南北朝時代の歴史家／『後漢書』）

悪いことはできなくなっている

昔、ある高潔な政治家へ賄賂《わいろ》を渡そうとした人がいました。その賄賂をじっと見て、政治家は言いました。これを二人だけの秘密にしても、すでに天の神々は知り、自分もあなたも知っているのだから、隠し通すことなんてできないのだよ、と。仮に周囲のすべての人を欺いたとしても、肝心のあなた自身の心は知っているではありませんか。真実は一つ、ゆるぎなくそこにあるのです。

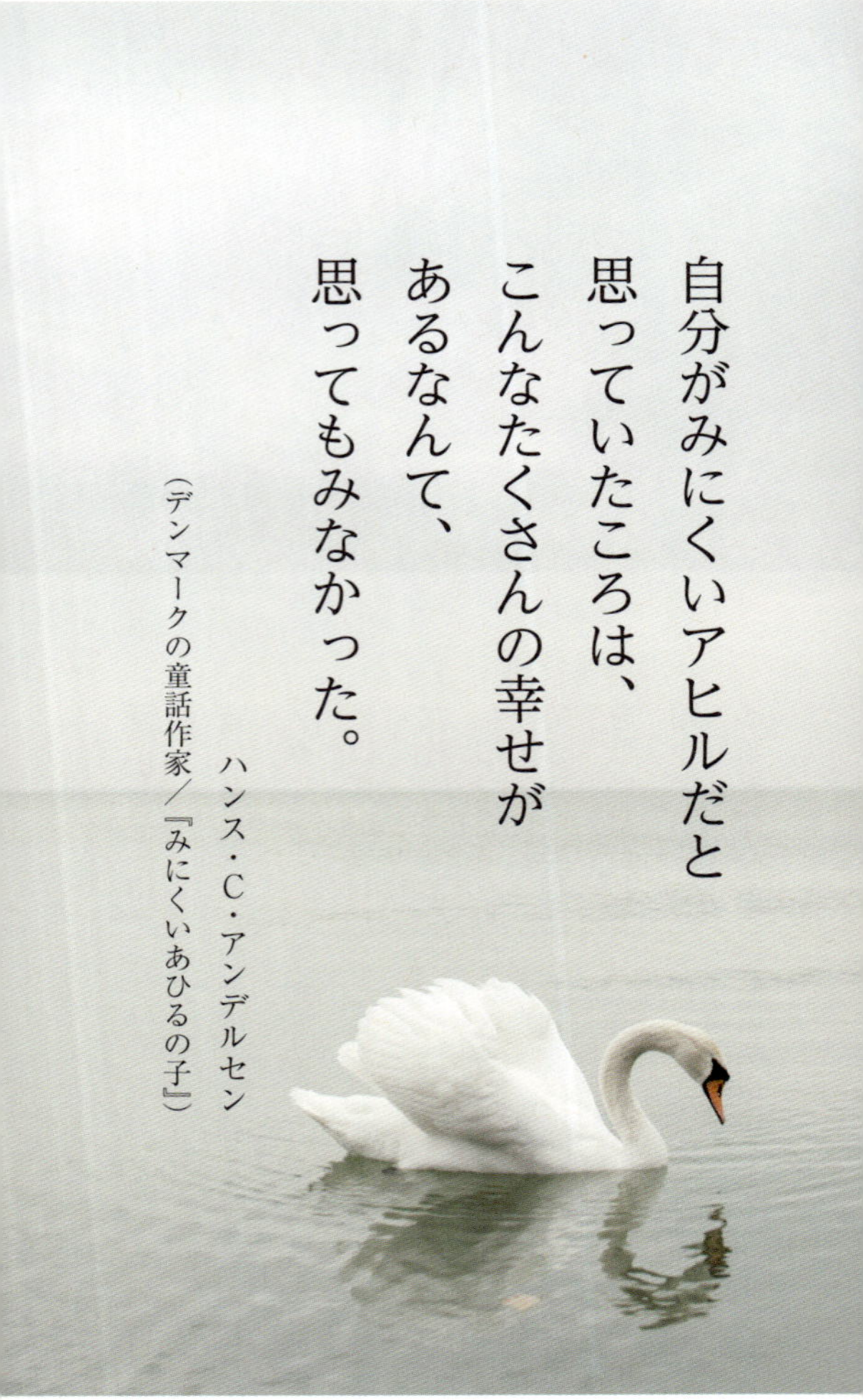

自分がみにくいアヒルだと
思っていたころは、
こんなたくさんの幸せが
あるなんて、
思ってもみなかった。

ハンス・C・アンデルセン
（デンマークの童話作家／『みにくいあひるの子』）

想いが現実をつくる

気持ちは鏡のように現実に反映されます。一歩先の未来を強く信じれば、あなたの明日は輝きます。逆もまたしかり。暗い心は暗い現実をつくるのです。あなたのその想いこそが、あなたの人生をつくっていくのです。

楽観的であれ。
過去を悔やむのではなく、
未来を不安視するのでもなく、
今現在の「ここ」だけを見るのだ。

アルフレッド・アドラー
（オーストリア出身の心理学者／
『人生に革命が起きる100の言葉』小倉広 訳）

語り継がれてきた、真理

今の瞬間に集中し、できることに全力投球するのが大事とよく言われますが、それを実践するのはなかなか難しい現実があります。つい暗い過去にとらわれて、未来まで不安一色で塗りつぶし、それによって貴重な今を無駄に過ごしてはいませんか。やるべきことはもう決まっているのです。将来を輝かしいものとして思い描き、そこへつなげるための今を全力で生きる、それだけなのです。

見よ、
今日も、かの蒼空に
飛行機が高く飛べるを。

石川啄木
（歌人）

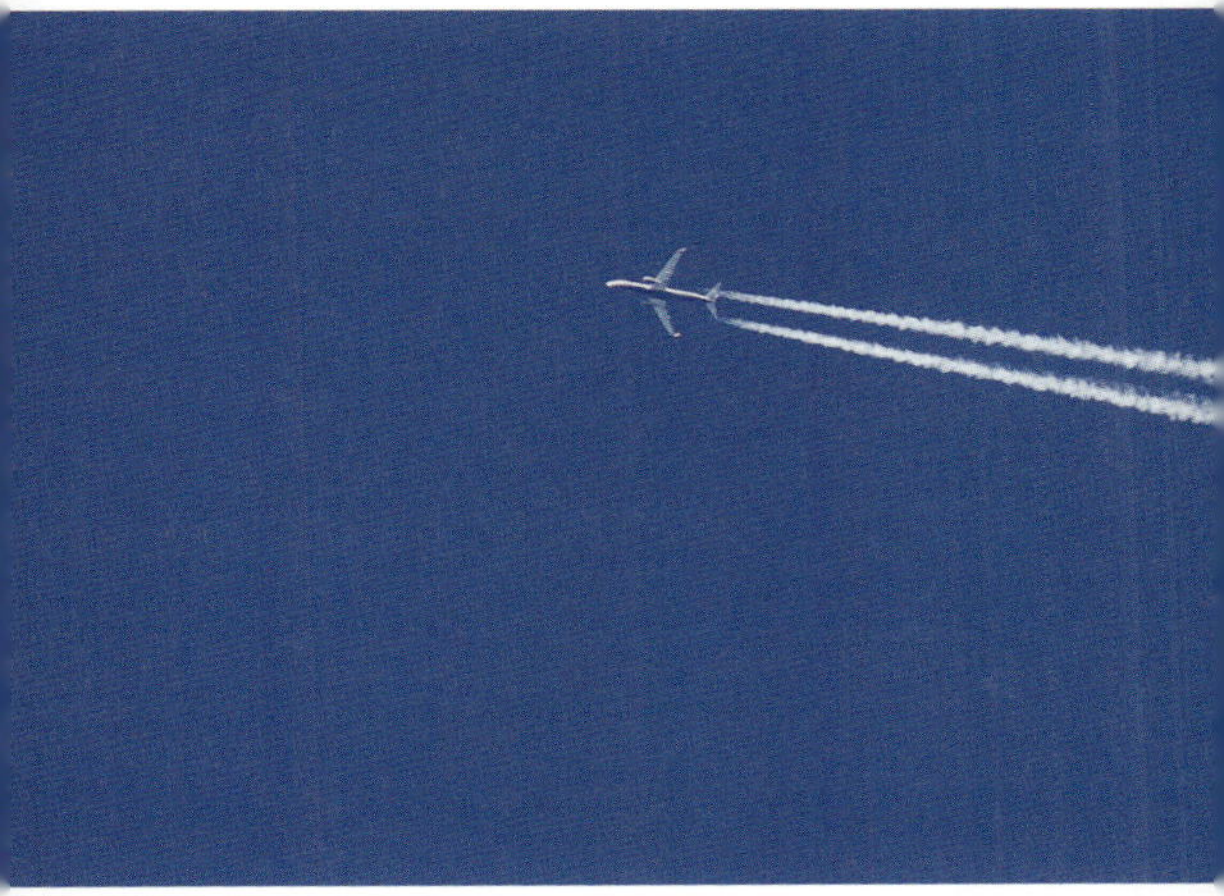

新しい人生が始まる日

今日はもう終わるかもしれません。でも、あなたには明日があるのです。その明日は、あなたが丸ごとデザインできる新しい一日です。全力で明日を設計しましょう。そこから再び、あなたの人生が始まります。

[参考文献]

『あなたの潜在能力を引き出す 20 の原則』ジャック・キャンフィールド、ケント・ヒーリー（ディスカヴァー・トゥエンティワン）
『アルフレッド・アドラー人生に革命が起きる 100 の言葉』小倉広 訳（ダイヤモンド社）
『運命の言葉』（日本ブックエース）
『革命家 100 の言葉』山口智司（彩図社）
『必ず出会える！人生を変える言葉 2000』（西東社）
『賢人たちに学ぶ 自分を磨く言葉』本田季伸（かんき出版）
『心に火をつける言葉』遠越段（総合法令出版）
『心に刻みたい 賢人の言葉』植西聰（あさ出版）
『仕事観が変わる！ビジネス名言 550』（西東社）
『自助論』サミュエル・スマイルズ、竹内均 訳（三笠書房）
『人生の教養が身につく名言集』出口治明（三笠書房）
『人生の指針が見つかる「座右の銘」1300』（宝島社）
『人生の名言 1500』（宝島社）
『人生はニャンとかなる！』水野敬也 長沼直樹（文響社）
『人生はもっとニャンとかなる！』水野敬也 長沼直樹（文響社）
『人生を動かす賢者の名言』（池田書店）
『人生を決断する！武将の言葉』（西東社）
『世界の名言 100』遠越段（総合法令出版）
『小さなことにクヨクヨしなくなる 100 の言葉』植西聰（成美堂出版）
『働く大人のための「学び」の教科書』中原淳（かんき出版）
『毎日ポジティブになる！元気が出る言葉 366 日』（西東社）
『名言名句の辞典』現代言語研究会（あすとろ出版）
『名言名句の辞典』（三省堂）
『名言力 人生を変えるためのすごい言葉』大山くまお（ソフトバンク・クリエイティブ）
『名僧 101 の名言』植西聰（成美堂出版）
『勇気がもてる運命の言葉』植西聰（成美堂出版）
『弱さに一瞬で打ち勝つ無敵の言葉【超訳】ベンジャミン・フランクリン』青木仁志（ライツ社）

ほか

※上記以外にもさまざまな書籍、雑誌、ホームページなどを参考とさせていただきました。

[写真提供]

suwatsilp sooksang/Shutterstock.com、Jacob_09/Shutterstock.com、
Maksimilian/Shutterstock.com、Oleksandr Naumenko/Shutterstock.com、
Ilkin Zeferli/Shutterstock.com、Sergej Onyshko/Shutterstock.com、
serdjophoto/Shutterstock.com、
ONG-ARD BUACHUANG/Shutterstock.com、
Gaydukevich Natalya/Shutterstock.com、
Andrew Gargay/Shutterstock.com、
SmartPhotoLab/Shutterstock.com、Steve Heap/Shutterstock.com、
Kowit Lanchu/Shutterstock.com、MashimaraPhoto/Shutterstock.com、
24Novembers/Shutterstock.com、
Christopher Gardiner/Shutterstock.com、
donikz/Shutterstock.com、BuiPhuKhanh/Shutterstock.com、
Chom_Champ/Shutterstock.com、
SOMJIRATCHAYA NUAMSETTHI/Shutterstock.com、
Alohaflaminggo/Shutterstock.com、Tiko Aramyan/Shutterstock.com、
Kris Tan/Shutterstock.com、taka1022/Shutterstock.com、
Martins Vanags/Shutterstock.com、Roman Motizov/Shutterstock.com、
Lillian Tveit/Shutterstock.com、John Cuyos/Shutterstock.com、
tomertu/Shutterstock.com、xavier gallego morell/Shutterstock.com、
Take Photo/Shutterstock.com、Slay/Shutterstock.com、
Recordman/Shutterstock.com、Kittima05/Shutterstock.com、
ZHANGXIAOLI/Shutterstock.com、Nikola Spasenoski/Shutterstock.com、
kram9/Shutterstock.com、Chepko Danil Vitalevich/Shutterstock.com、
Matveev Aleksandr/Shutterstock.com、Taiga/Shutterstock.com、
jack-sooksan/Shutterstock.com、Voyagerix/Shutterstock.com、
Muhammad Agus wahyudi/Shutterstock.com、
Naturalism14/Shutterstock.com、HelloRF Zcool/Shutterstock.com、
Lukas Gojda/Shutterstock.com、Skyler Ewing/Shutterstock.com、
Evgeny Atamanenko/Shutterstock.com、
anotherchance/Shutterstock.com、Bilanol/Shutterstock.com
KC Jan/Shutterstock.com、Anna segeren/Shutterstock.com
Tsysar Maksym/Shutterstock.com、Nitikorn Poonsiri/Shutterstock.com
1morebit/Shutterstock.com、venars.original/Shutterstock.com

文　菅原こころ
装丁デザイン　宮下ヨシヲ（サイフォングラフィカ）
本文デザイン　渡辺靖子（リベラル社）
編集　山田吉之（リベラル社）
編集人　伊藤光恵（リベラル社）
営業　津田滋春（リベラル社）

編集部　堀友香・上島俊秀・高清水純
営業部　津村卓・廣田修・青木ちはる・榎正樹・澤順二・大野勝司

名言で磨く 向上心

2019年2月27日　初版

編　集　リベラル社
発行者　隅田　直樹
発行所　株式会社 リベラル社
〒460-0008　名古屋市中区栄3-7-9
新鏡栄ビル8F
TEL 052-261-9101　FAX 052-261-9134
http://liberalsya.com

発　売　株式会社 星雲社
〒112-0005　東京都文京区水道1-3-30
TEL 03-3868-3275

ISBN978-4-434-25612-7
落丁・乱丁本は送料弊社負担にてお取り替え致します。